JONRONES y PERROS CALIENTES

Entre bastidores del día del juego de béisbol

de Martin Driscoll

CAPSTONE PRESS
a capstone imprint

Publicado por Spark, una impresión de Capstone
1710 Roe Crest Drive, North Mankato, Minnesota 56003
capstonepub.com

Copyright © 2025 por Spark. Todos los derechos reservados. Ninguna parte de esta publicación puede reproducirse total o parcialmente, ni almacenarse en un sistema de recuperación, ni transmitirse de ninguna forma ni por ningún medio, electrónico, mecánico, fotocopia, grabación o de otro tipo, sin el permiso por escrito del editor.

SPORTS ILLUSTRATED KIDS es una marca comercial de ABG-SI LLC. Utilizada con permiso.

Los datos de catalogación en publicación de la Biblioteca del Congreso
Names: Driscoll, Martin, author.
Title: Jonrones y perros calientes : entre bastidores del día del juego de béisbol / de Martin Driscoll.
Other titles: Homers and hot dogs. Spanish
Description: North Mankato, Minnesota : Capstone Press, 2025. | Series: Sports illustrated kids. Día de juego | Includes index. | Audience: Ages 9-11 | Audience: Grades 4-6 | Summary: "¿Crees que el béisbol de las grandes ligas comienza con el lanzamiento inicial? ¡Piensa otra vez! En este libro de Sports Illustrated Kids, irás detrás de escena de un día típico de juego en el béisbol profesional: desde la preparación del diamante y la bienvenida a los aficionados hasta la venta de los perros calientes y la transmisión desde la cabina. Este libro trepidante y lleno de datos brindará a los aficionados del béisbol, jóvenes y mayores, una perspectiva completamente nueva sobre el pasatiempo favorito de Estados Unidos."-- Provided by publisher.
Identifiers: LCCN 2024022986 (print) | LCCN 2024022987 (ebook) |
ISBN 9781669089810 (hardcover) | ISBN 9781669089766 (paperback) | ISBN 9781669089773 (pdf) | ISBN 9781669089797 (kindle edition) | ISBN 9781669089780 (epub)
Subjects: LCSH: Baseball--Miscellanea--Juvenile literature.
Classification: LCC GV867.5 .D7818 2025 (print) | LCC GV867.5 (ebook) | DDC 796.357--dc23/eng20240720
LC record available at https://lccn.loc.gov/2024022986
LC ebook record available at https://lccn.loc.gov/2024022987Créditos editoriales

Editor: Donald Lemke; Diseñadora: Tracy Davies;
Investigadora de medios: Svetlana Zhurkin; Especialista en producción: Katy LaVigne

Traducido al idioma español por U.S. Translation Company

Créditos de las imágenes
Danny Moloshok, 18, Janie McCauley, 19 (abajo), Julie Jacobson, 10, Kiichiro Sato, 11; Getty Images: Bart Young, 22, Brian Kersey, 23, Christian Petersen, 21, 25, 26, Duane Burleson, 14, Ed Zurga, 13, Elsa, 24, Jayne Kamin-Oncea, 8, 20, Jonathan Daniel, 15, Jupiterimages, 28, Rich Schultz, 9, Rob Carr, 17; Newscom: Fort Worth Star-Telegram/Rodger Mallison, 27; Shutterstock: Arina P. Habich, 29 (arriba), Bada1, 16 (abajo en medio), Dan Thornberg, portada (arriba a la derecha), 1, Eugene Onischenko, portada (arriba), Frank Romeo, 12, James Kirkikis, 6, Keith J. Finks, 16 (arriba), Kelsey Fox, 16 (abajo a la derecha), M. Budniak, 29 (abajo), Philip Eppard, portada (abajo en medio), planet5D LLC, 19 (arriba), Ron Dale (fondo), portada, contraportada, Stephen Reeves, portada (abajo a la derecha), Tiny Bubble, 16 (abajo a la izquierda), zoff, portada (abajo a la izquierda); Sports Illustrated: Al Tielemans, 7, Erick W. Rasco, 4, 5

Capstone no mantiene, autoriza ni patrocina los sitios web y recursos adicionales a los que se hace referencia en este libro. Todos los nombres de productos y empresas son marcas comerciales™ o marcas comerciales registradas® de sus respectivos propietarios.

TABLA DE CONTENIDO

El golpe del bate 4
Comenzando temprano 6
¡A jugar a la pelota! 12
Lleno de acción 18
Tiempo de estiramiento 22
Planifica tu día de juego 28
    Glosario 30
    Acerca del autor 31
    Índice 32

Las palabras en **negritas** están en el glosario.

EL GOLPE DEL BATE

Un partido de béisbol de las grandes ligas, es decir, de Major League Baseball (MLB), está a punto de comenzar. El lanzador lanza una pelota rápida. El bateador batea. *¡Resuena un golpe!* Le pega un elevado a un jardinero. El bateador está eliminado y los aficionados locales rugen.

Incluso los sonidos de un juego de pelota son emocionantes. ¡Pero el día del partido comienza mucho antes del primer lanzamiento!

Aficionados de los Washington Nationals durante la Serie Mundial 2019

COMENZANDO TEMPRANO

El día del juego comienza temprano para el personal de campo. Cortan el césped y pintan las líneas de falta. Rastrillan la tierra del cuadro. Colocan y comprimen la tierra alrededor del plato de home y el montículo del lanzador.

Personal de campo de los Phillies en Citizens Bank Park en Filadelfia, Pensilvania

HECHO

El montículo del lanzador debe estar 10 pulgadas (25,4 centímetros) más alto que el campo de juego.

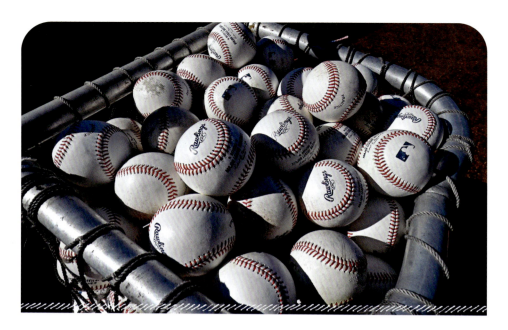

Un entrenador hace rodar un carrito sobre el césped del cuadro. Tiene capacidad para 200 pelotas de béisbol. ¡Es hora de practicar bateo!

Un entrenador tiene el trabajo de lanzar para la práctica de bateo. La mayoría de los jugadores logran batear. Se estiran o juegan a la pelota cuando no es su turno. También pueden **shag** o atrapar pelotas en los jardines durante la práctica.

HECHO

El equipo local siempre batea primero en la práctica de bateo.

Jugadores de los New York Yankees en práctica de bateo

La casa club es un hogar lejos del hogar. Los jugadores se preparan para la acción. El equipo proporciona comida antes de cada partido. Los jugadores pueden agarrar todos los chicles que quieran.

El jardinero Michael Conforto en la casa club de los New York Mets

La casa club de los Chicago Cubs

Un uniforme de juego limpio está colgado en el casillero de cada jugador. El gerente del equipo se asegura de que los jugadores tengan todo lo que necesitan.

¡A JUGAR A LA PELOTA!

El lanzador inicial entra al campo unos 45 minutos antes del inicio del partido. Primero se estira. Luego sube al montículo de lanzamiento. Al principio realiza lanzamientos suaves. Luego realiza lanzamientos a toda velocidad.

El ex lanzador de los Houston Astros, Gerrit Cole

HECHO

Los lanzadores realizan de 20 a 25 lanzamientos de calentamiento antes de comenzar un partido.

Revisa las pelotas de béisbol antes de cada partido. Cada pelota ha sido frotada con un barro especial. Las pelotas no pueden ser demasiado brillantes ni resbaladizas.

HECHO

El equipo local proporciona las pelotas para cada partido de la MLB. Durante un partido se utilizan más de 100 pelotas.

El árbitro principal también toma las **alineaciones** de los entrenadores principales. Él barre la tierra del plato cuando llega el momento de "¡Jugar a la pelota!".

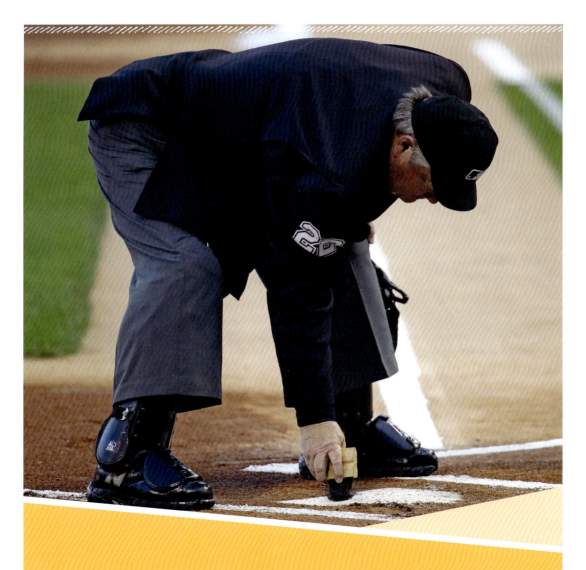

Los aficionados están listos para animar. También están listos para comer. Los perros calientes, cacahuates y nachos son los favoritos de los aficionados.

Los vendedores recorren los pasillos del estadio con muchos alimentos diferentes.

Los trabajadores preparan comida en Nationals Park en Washington, D.C..

Los trabajadores de los puestos de **concesión** siguen ocupados preparando y vendiendo toda esa comida. A menudo venden 10 mil o más perros calientes durante un partido.

HECHO

Los perros calientes se han vendido en los parques de las Grandes Ligas desde al menos 1901.

LLENO DE ACCIÓN

La gente en el palco de prensa observa atentamente el partido. Los **locutores** describen la acción para televisión y radio. Comparten noticias sobre los jugadores y equipos.

Los reporteros también trabajan en el palco de prensa. Escriben sobre el partido en periódicos y sitios web.

Cada equipo tiene un **dugout** al lado del campo. Los jugadores descansan en el banquillo cuando no están en el campo. Esperan su turno al bate.

HECHO

Cada dugout tiene un banco y soportes para bates y cascos.

Su mánager o entrenador principal también observa desde el dugout. Él está a cargo. A medida que avance el partido, podría decidir cambiar de lanzador.

El mánager David Ross de los Chicago Cubs

TIEMPO DE ESTIRAMIENTO

Los jugadores se cansan a medida que avanza el juego. Los aficionados también. Obtienen un descanso a la mitad de la séptima entrada. Los fanáticos se ponen de pie y cantan "Take Me Out to the Ball Game". Estiran las piernas. Por eso se llama el estiramiento de la séptima entrada.

La mascota de los Colorado Rockies, Dinger, entretiene a los aficionados

Aficionados cantando durante el estiramiento de la séptima entrada en Wrigley Field en Chicago, Illinois

HECHO

El personal de campo sigue trabajando durante los partidos. Rastrillan la tierra del cuadro después de la tercera y sexta entradas.

Bullpen en el Minute Maid Park en Houston, Texas

El partido ha llegado a las últimas entradas. El mánager hace una llamada al **bullpen**. Ahí es donde los lanzadores de relevo esperan la oportunidad de entrar al juego. El mánager le dice a uno de ellos que se prepare.

Cuando la puerta del bullpen se abre, corre hacia el cuadro. Los aficionados locales aplauden a su **cerrador**.

Kenley Jansen, ex lanzador de relevo de los LA Dodgers

El entrenador de tercera base ha estado ocupado todo el juego. Cuando su equipo está bateando, envía señales a los bateadores y corredores. Podría tirar de su oreja para decirle a un corredor que se robe una base.

El entrenador de tercera base de los Texas Rangers le indica a Elvis Andrus que se dirija a home.

El marcador está empatado en la novena entrada. El equipo local tiene un corredor en segunda. Cuando el bateador consigue un hit, el entrenador de tercera base agita el brazo. Quiere que el corredor se dirija a home. ¡El corredor está a salvo y el equipo local gana!

HECHO

El personal de campo todavía está trabajando después del partido. Reparan el área alrededor del plato de home y en el montículo del lanzador.

PLANIFICA TU DÍA DE JUEGO

¡Puedes organizar el día de juego en tu casa!

- Crea tus propios boletos de entrada para invitar a amigos y ver un partido.
- Pide a todos que usen los colores de tu equipo.
- Ten a la mano palomitas de maíz o cacahuates.
- ¡Trae los perros calientes! Agrega los condimentos, cebollas, queso y otros aderezos que quieras. No olvides el kétchup y la mostaza.

GLOSARIO

alineación (a-li-nea-CIÓN)—una lista de los jugadores iniciales y el orden de bateo

bullpen (BUL-pen)—el área donde los lanzadores de relevo realizan su calentamiento; generalmente se encuentra detrás de la pared del jardín

cerrador (ce-rra-DOR)—un lanzador de relevo que ingresa para obtener los últimos outs del partido

concesión (con-ce-SIÓN)—un lugar donde se venden alimentos y bebidas en el estadio

dugout (DAHG-out)—uno de los refugios donde los jugadores y entrenadores se sientan durante los partidos

locutor (lo-CU-tor)—una persona que describe el partido en televisión o radio

shag (SHAUG)—atrapar elevados y rodados de campo en los jardines durante la práctica de bateo

ACERCA DEL AUTOR

Martin Driscoll es un ex reportero de un periódico y editor de libros para niños desde hace mucho tiempo. También es autor de varios libros de deportes para niños, incluidas biografías de estrellas legendarias del boxeo, el béisbol y el baloncesto. Driscoll vive en el sur de Minnesota con su esposa y sus dos hijos.

ÍNDICE

aficionados, 4, 5, 16, 22, 23

alimentos, 16-17

árbitro, 14–15

bullpen, 24–25

casa club, 10–11

dugout, 20, 21

entrenador, 8, 26, 27

locutores, 18

mánager, 11, 21, 24

personal de campo, 6-7

práctica de bateo, 8–9

reportero, 19

uniforme, 11